FÊTE DE L'INAUGURATION

DU

BUSTE DE J. J. COURTAUD-DIVERNERESSE

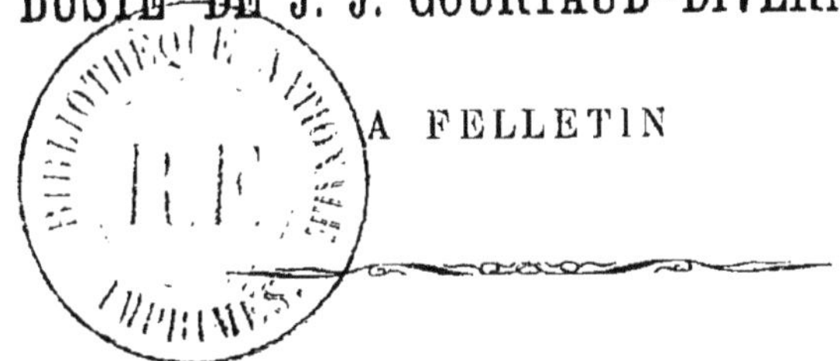

A FELLETIN

Le dimanche 14 août 1881, la ville de Felletin (Creuse) donnait une grande fête, à l'occasion de l'inauguration du buste en bronze élevé à la mémoire du savant helléniste, Courtaud-Diverneresse.

Les rues de la ville étaient pavoisées pour cette solennité de mâts portant des banderoles aux trois couleurs, de feuillages, de guirlandes et de drapeaux, et présentaient un véritable air de fête.

Une estrade artistement décorée avait été établie aux abords de la fontaine monumentale sur laquelle le buste est installé; elle était destinée à recevoir l'administration municipale et les autorités chargées de représenter à cette cérémonie le Gouvernement et l'Université.

Le buste est en bronze, la colonne octogonale qui le supporte, en pierre de Volvic, surmontée d'un chapiteau. Sur une face de cette colonne, les armes de Felletin se dessinent en relief; sur l'autre, cette inscription gravée :

COURTAUD-DIVERNERESSE

SAVANT HELLÉNISTE, NÉ A FELLETIN — 1794.

A droite, sur une plaque en marbre noir, en lettres d'or :

CE BUSTE A ÉTÉ ÉLEVÉ

PAR LES AMIS DES LETTRES GRECQUES.

PRÉSIDENTS DU COMITÉ DE SOUSCRIPTION, E. EGGER, DE L'INSTITUT

MILLER, DE L'INSTITUT

A. DUMONT, DIRECTEUR DE L'ENSEIGNEMENT SUPÉRIEUR

LASSAIGNE, MAIRE DE FELLETIN,

14 AOUT 1881.

A trois heures du soir, un cortège composé de M. le Recteur de l'Académie de Clermont, de M. le Sous-Préfet d'Aubusson, de M. le Maire de Felletin, et des membres du Conseil municipal, est sorti de l'Hôtel de Ville et s'est mis en marche précédé par les gendarmes à cheval et la fanfare de la ville, pour se rendre sur la place publique où devait avoir lieu la cérémonie d'inauguration.

Aussitôt arrivés, les membres du cortège ont pris place sur l'estrade qu'entourait de tous côtés une foule compacte. La fanfare s'est mise alors à jouer l'air de la *Marseillaise* qui a été fort applaudi par l'assistance.

M. Lassaigne, maire de Felletin, remet à la compagnie des sapeurs-pompiers un drapeau. Les tambours battent aux champs, le voile qui couvrait le buste est enlevé, et M. le Recteur, président de la séance d'inauguration, donne la parole à M. Lassaigne, maire de Felletin, conseiller général, qui a prononcé l'allocution suisuivante :

MESSIEURS,

Je considère comme un devoir de ma charge, dans cette solennité, de remercier publiquement, au nom de la ville de Felletin, les hommes éminents, membres de l'Institut, et amis des études grecques, qui ont conçu le projet d'honorer la mémoire de notre savant compatriote, M. Courtaud-Diverneresse, et pris l'initiative d'une souscription destinée à élever à ce grand helléniste un buste en bronze dans sa ville natale.

En organisant cette souscription qui a recueilli de nombreuses adhésions, et nous permet d'inaugurer aujourd'hui sur cette place publique un buste qui est une véritable œuvre d'art, les membres du Comité ont obéi à une grande et généreuse inspiration, qui mérite à tous égards notre sincère reconnaissance.

Toute leur ambition, en prenant cette initiative, a été d'honorer dignement le souvenir d'un homme de bien, enfant de cette ville, qui s'est élevé rapidement par l'étude et le travail, et a été appelé à enseigner durant de longues années comme professeur dans divers établissements de l'Université; et de rendre un public hommage au savant infatigable qui s'est voué ensuite au culte de la langue grecque, et qui a mis dans ce culte son temps, son intelligence, son cœur et toute son activité.

C'est dans cette période de son existence que M. Courtaud-Diverneresse a rédigé et publié divers ouvrages qui l'ont fait connaître au monde savant, et l'ont placé au premier rang comme helléniste.

Entre autres travaux, il a fait une Grammaire grecque qui, au dire des connaisseurs, est un ouvrage du plus grand mérite. Il a publié également un Dictionnaire français-grec, qui est son œuvre principale, et qui est considéré comme un modèle de patiente érudition et de sagace critique.

La vie de notre compatriote, qui a été fort longue, ne s'est pas écoulée sans rencontrer quelques épreuves. La fermeté de ses convictions républicaines qu'il exposait volontiers, avec plus de courage que de prudence, lui attira à plusieurs reprises des difficultés et des déboires. En 1851, après le coup d'État, il dut renoncer au professorat pour se consacrer désormais tout entier à ses diverses études grecques.

Mais il convient de reconnaître que M. Courtaud-Diverneresse a été, en quelque sorte, récompensé dans ces derniers temps de son attitude politique, et que le Gouvernement de la République a fourni gracieusement le bronze qui était nécessaire pour l'exécution du buste de notre savant compatriote.

Tels sont, Messieurs, indiqués à grands traits, les titres et les publications qui recommandent notre éminent compatriote, M. Courtaud-Diverneresse, au souvenir de ses contemporains, et qui rendent sa mémoire chère aux amis des études grecques, et à tous ceux qui peuvent apprécier les services qu'il a rendus avec ses ouvrages à une langue qui a tant contribué au progrès de la civilisation.

Après cette allocution souvent interrompue par les sympathiques applaudissements de l'auditoire, M. Lassaigne a donné lecture d'un discours préparé par M. Egger, membre de l'Institut, président du Comité de souscription, que son grand âge a empêché de venir à cette cérémonie.

Voici ce discours :

Messieurs,

Le monument que la ville de Felletin inaugure aujourd'hui avec un pieux concours d'hommages publics et privés, rappelle de nombreux et touchants souvenirs. Il rappelle soixante années de travaux universitaires, une vie surtout consacrée à l'étude de la langue grecque, qui fut un des plus puissants organes de la civilisation. Le nom du statuaire Cougny à qui vous avez confié l'exécution du buste de Courtaud-Diverneresse, vous rappelle celui de deux membres de notre Université, dont l'aîné compte parmi nos meilleurs hellénistes.

Le concours généreux du Gouvernement républicain à l'accomplissement de votre œuvre est un témoignage que nous aimons à constater, de la faveur qui s'attache toujours chez nous à la langue d'Homère et de Démosthène. La liste même de vos souscripteurs, où se font remarquer le gouvernement grec, plusieurs Hellènes et jusqu'à une modeste société littéraire de Macédoine, montre l'heureuse alliance de la Grèce régénérée avec les défenseurs de l'hellénisme dans l'Occident.

Au nom de tous, je salue avec respect et avec reconnaissance cette image qui perpétuera dans votre ville la mémoire d'un de ses plus courageux enfants.

Messieurs, la vie laborieuse de Courtaud-Diverneresse n'a pas échappé à bien des épreuves auxquelles ne fut pas étrangère la fermeté un peu rude peut-être des convictions républicaines qui étaient pour lui un héritage de famille. Aujourd'hui son intelligente figure a pris sous le ciseau d'un habile artiste l'expression calme et sereine d'une juste confiance dans l'impartiale estime de ses concitoyens. C'est le privilège de l'art, et c'est aussi comme un droit de la mort, d'effacer la trace des douleurs et des injustices, pour ne conserver de l'homme que ce qui mérite de lui survivre.

Ensuite M. le recteur Boissière a prononcé le discours suivant, dans lequel il retrace à grands traits la vie du savant dont en ce jour on honorait la mémoire :

MESSIEURS,

L'année dernière, presque à pareille époque, l'Auvergne inaugurait, sur une des places de Clermont-Ferrand, en face de son puy de Dôme, la statue de Blaise Pascal.

M. Albert Dumont, directeur de l'enseignement supérieur, avait bien voulu venir représenter, dans la vivante capitale de nos pays du Centre, et devant cette statue nationale, M. le Ministre de l'Instruction publique et le gouvernement de la République française. Il sied, messieurs, à tous les titres, que nous rappelions ici le nom du vaillant compagnon des travaux et des veilles, des luttes et des succès de notre vaillant Ministre, de l'ancien directeur de notre école d'Athènes, de l'archéologue, du lettré fidèlement épris de ce divin pays de Grèce où a vécu, par le labeur et par la pensée, M. Courtaud-Diverneresse, de l'administrateur gracieux qui s'est si heureusement intéressé à votre œuvre reconnaissante.

Le soir de la grande cérémonie dont je vous parlais, M. Albert Dumont, dans le langage le plus patriotique et le plus élevé, rappela toutes les leçons éloquentes qui se pouvaient tirer de cette fête noble et émouvante. Il montra particulièrement, dans ce culte de plus en plus fervent de la République et de la démocratie française pour tous les grands hommes qui ont honoré la nation, je ne sais quel heureux sentiment, non pas seulement de respect et d'admiration pieuse, mais de sympathie en quelque sorte et d'obligation filiale du présent à l'égard des gloires, des souffrances et des labeurs du passé. Et ce n'est pas là simplement, ajoutait-il, le plus généreux des sentiments, c'en est aussi le plus salutaire et le plus politique, car ce rapprochement, cette solidarité, à travers les âges, des siècles passés et de l'heure présente, c'est, dans un très prochain avenir, demain peut-être, le gage de la réconciliation certaine, définitive de tous les bons citoyens, sur ce terrain commun de l'amour de la vieille patrie française, en mémoire de toutes les grandes idées, de tous les sentiments féconds qui ont, aux diverses heures de son histoire, inspiré, rapproché, réuni les âmes de ses enfants, et de toutes les nobles conquêtes successives que tous ont faites solidairement.

Aussi bien, n'est-ce pas là, messieurs, la tâche patriotique, l'œuvre de lumière, de concorde et d'apaisement que célébrait encore, hier même, devant la démocratie parisienne, la grande et puissante voix, émue et inspirée, de M. le Président de la Chambre des députés (1)?

Messieurs, le souvenir de cette fière figure de Pascal eût certainement effarouché l'âme simple du modeste héros de cette fête. Mais s'il n'est, ici-bas, donné qu'à une élite d'apporter en naissant les dons et les vertus, les talents et le génie qui font d'un homme un des illustres enfants de la grande patrie, une des gloires et l'orgueil du pays tout entier, heureux encore et bienheureux ceux qui sont devenus l'honneur de la petite patrie locale, de la cité, de la région qui les a vus naître, aussi bien que de ce monde spécial, de cette société particulière, j'entends de la corporation à laquelle ils ont appartenu.

M. Courtaud-Diverneresse a été l'un de ceux-là : comme Lhomond, dont la statue lui avait été une espérance et une promesse du monument que vous venez de lui élever à lui-même, il a bien mérité de sa petite ville natale, bien mérité de l'Université et de la science : c'est pourquoi Felletin — et le département tout entier s'associe à vos sentiments — célèbre aujourd'hui sa mémoire ; c'est pourquoi M. le Président du conseil, ministre de l'Instruction publique, a voulu que le chef de l'Académie le représentât à cette fête aimable et touchante, où je vois comme l'heureux pendant de l'inauguration récente de notre lycée de Guéret.

Je regrette vivement que le hasard de ma vie d'écolier ou de maître ne m'ait jamais fait approcher du savant et de l'homme de bien dont j'ai l'honneur de faire ici l'éloge ; mais ses nombreux travaux et des notes pieuses, presque filiales, qui m'ont été communiquées, m'ont donné les dates principales et presque toutes les étapes de cette carrière d'ailleurs si simplement fournie, si peu aventureuse.

(1) Discours de Belleville.

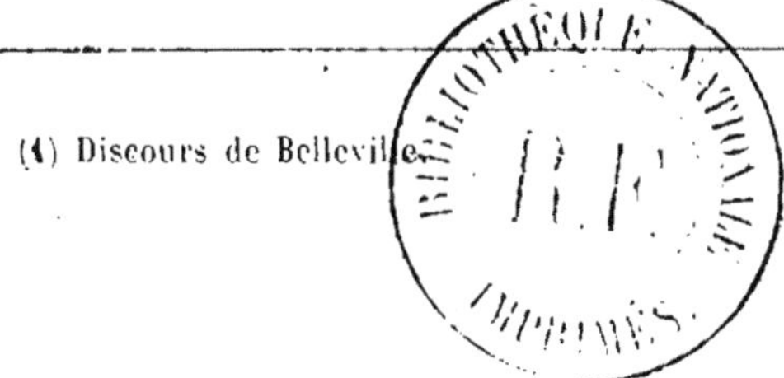
BIBLIOTHÈQUE NATIONALE R.F. IMPRIMÉS

J'ajoute, dans ma reconnaissance et dans mon affection pour tant d'esprits si distingués, de maîtres bienveillants et chers qui ont élevé mon enfance, que je n'ai eu qu'à me les rappeler, qu'à évoquer, dans mes vieux, dans mes meilleurs souvenirs de collège, leur figure respectée, les Ribout, les Cartault, par exemple, les Sarret, les Chardin, les Pitard, les Feugère, les Berger, les Toussenel ou les Bénard, pour ressaisir ou deviner des traits et une physionomie que vous rend ce buste fidèle et ce bronze durable.

Jean-Jacques Courtaud-Diverneresse est né à Felletin, le 19 novembre 1794.

Elevé ici même par son grand-père maternel, juge de paix en cette ville, il y commença de bonnes études, qu'il alla, comme font presque tous ceux que tourmente l'ambition des grandes écoles, compléter et couronner par deux années parisiennes de rhétorique et de philosophie au lycée Louis-le-Grand.

La conscription, cette loi dure mais patriotique, dont nous réclamons tous aujourd'hui le joug comme un bienfait, comme un honneur, coupa court à son rêve de l'Ecole normale ; notre écolier devint soldat, et, sous l'uniforme du huitième régiment de hussards, enferma pour un temps les espérances et la foi du libéral et de l'helléniste (1). Le soldat patriote survécut à ces mâles et dures expériences. En 1870, ont eut toutes les peines du monde à obtenir que ce volontaire de 75 ans renonçât à prendre les armes.

Libéré du service après la chute de l'Empire, il fut successivement régent de troisième tout près de nous, à Tulle, puis à Montignac et à Bergerac, lieux et noms, dit spirituellement un de ses biographes, où l'on ne trouve rien

(1) Il avait fait partie des contingents qui furent écrasés à Leipsick. Son régiment, cantonné sur le Rhin, avait été décimé par la maladie. Décimé est faible : malade lui-même, il avait vu autour de lui les lits de la salle de l'hôpital se remplir et se vider trois fois.

d'attique ; mais son goût, ajouterai-je, sa vocation et sa flamme ne tenaient point au terroir.

Docteur ès lettres, le voici dans de plus hauts emplois, dans la chaire de rhétorique de Cahors, puis dans celle d'Avignon. Agrégé, on l'appela à Paris ; il fut à la fois professeur et censeur adjoint au collège Charlemagne, de 1823 à 1828 ; professeur de sixième au collège Louis-le-Grand, de 1828 à 1830 ; de seconde au même lycée jusqu'en 1834. Un vote qui déplut, paraît-il, dans les élections de la garde nationale, l'exila, comme il le disait non sans quelque juste amertume, lui agrégé des classes des lettres, lui docteur, dans la chaire de sixième du collège Bourbon. Il occupa ce modeste emploi jusqu'en 1848, car il avait décidément le vote désagréable, et les élections politiques du 1er arrondissement lui fermèrent par deux fois le retour au haut enseignement des lettres. Sa nomination de censeur précéda de peu sa retraite. Disgracié au mois d'août 1849, il prolongea les labeurs de sa verte vieillesse jusqu'au mois de février 1879.

Cette longue existence se partagea entre deux passions et deux cultes : le culte de la science et particulièrement de la langue grecque, et le culte de la République.

Le grec, de très bonne heure, avait attiré sa curiosité et concentré tous ses efforts. Dès l'année 1821, il avait publié une méthode nouvelle et complète pour étudier la langue grecque ; en 1867, cette méthode en était venue à ce légitime et brillant succès d'une dixième édition. Un peu trop chargée de détails, elle était surtout le livre du maître ; M. Courtaud-Diverneresse l'allégea et l'abrégea en 1830, et en fit un livre d'élèves.

Mais son œuvre de prédilection, celle qui lui fait le plus grand honneur, fut son dictionnaire français-grec. Voici comment parlait, et de l'œuvre et de l'homme, un des membres les plus distingués de l'Association pour l'encouragement des études grecques (1), chargé de retracer devant cette savante compagnie la vie de M. Diverneresse et d'exprimer les regrets de sa perte :

« Déjà, en composant sa grammaire, il réunissait les matériaux dont il devait former ce grand lexique. Durant trente-sept années, il n'a cessé d'y donner toutes ses veilles. Quelques heures de sommeil lui suffisaient, et, dès quatre heures du matin, tous les jours il était au travail. C'est ainsi qu'il acheva, en 1859, cette œuvre de longue haleine. En 1874, il en donna une nouvelle édition dont notre éminent confrère, M. E. Miller, a rendu un compte élogieux dans le *Journal des Savants*, au mois de février 1878.

» Pour cet immense labeur, M. Courtaud-Diverneresse n'admit aucun aide, il n'eut aucun collaborateur; il voulut être le seul éditeur, le seul propriétaire d'un ouvrage qui n'était dû qu'à lui seul. Il y mit toute sa vie, toute sa fortune; il dépensa plus de 80,000 francs pour l'impression de cette œuvre, dont il ne retira presque rien. N'est-il pas bien juste que notre Société récompense d'un hommage public ce rare exemple de constance et de sacrifice?

» Elle lui doit encore des éloges pour des opuscules savants, pour des travaux ingénieux sur la métrique grecque et latine, pour des brochures destinées à propager l'idée de certaines réformes à introduire dans l'enseignement secondaire, à maintenir avec honneur le grec dans nos classes. *Le grec fait les bonnes études*, c'était sa conviction ; c'est le titre de l'un de ses écrits publié en 1870. Il devait donc être de tout cœur avec nous. Lorsque l'idée vint à quelques amis des bonnes études de fonder notre Association pour défendre le grec alors menacé, il se hâta d'entrer dans nos rangs. Vous ne voudrez pas refuser vos regrets à l'un des

(1) M. Gidel, proviseur du lycée Louis-le-Grand.

plus vaillants champions de l'idée qui soutient notre Association et lui donne sa force. »

A cet hommage si légitime payé de si bonne grâce, mais avec la discrétion officielle, j'ai la bonne fortune de pouvoir ajouter une note plus intime et plus vivante que je dois à la communication la plus gracieuse. Un neveu de M. Diverneresse a gardé le respectueux et présent souvenir de ce vieil oncle vénérable, de cet originale physionomie, de cette figure vaillante et robuste que reproduit si heureusement ce bronze rude, viril et fier. Aussi bien, à voir de quel dévouement et de quel culte, de quelle dévotion filiale a été entourée sa vie et comme enveloppée et suivie sa mémoire, — je désigne là suffisamment, n'est-ce pas? la personne qui a été l'âme infatigable de l'œuvre pieuse que nous couronnons aujourd'hui (1), — ce n'était point, apparemment, un cœur banal et froid, ni un homme ordinaire, que celui qui a suscité, mérité et gardé de tels dévouements, des sentiments si chauds et si tenaces. Or, voici ce que m'écrit, et d'une plume tout à fait aimable, autant que fine et vive, ce fidèle neveu dont je parlais (2) :

« Les Anglais ont une expression qui le qualifierait excellemment : *old fashioned*, *antique*, si vous voulez. Les deux hommes qu'il y avait en lui, l'hélléniste et le républicain, dataient, le premier du XVIe siècle, le second de la fin du XVIIIe. L'helléniste ne s'était pas déclaré tout de suite. A une époque lointaine où l'influence de Royer-Collard, chez lequel — ou chez des amis duquel — il avait été précepteur, lui permit d'opter entre une rhétorique et une chaire de sciences, il faillit se décider pour celle-ci, et il conservait en portefeuille je ne sais quel travail sur les hautes mathématiques dont il parlait avec complaisance. Il avait aussi fait son droit, et je l'ai entendu regretter de ne pas s'être

(1) Mme Delabrousse.
(2) M. Périé, professeur agrégé au lycée de Montpellier.

consacré à cette étude. Mais, depuis longtemps, le grec était devenu sa spécialité chérie et son unique passion. On m'a conté qu'avant 1848, au moment où il commença le dictionnaire monumental qu'il se vantait d'avoir fait tout entier à lui seul et « jusqu'à la *dernière panse d'a,* » il ne dormait que quatre heures par jour et se levait au milieu de la nuit pour se remettre à la besogne. C'était le temps où ses collègues du « collège Bourbon » le voyaient sortir de son logis, rue Caumartin, et déjeuner tout en se rendant à sa classe, d'un morceau de sucre et d'un petit pain d'un sou. Il ne voulait pas perdre une minute et il renouvelait les excès de travail des Cuvier et des Pline (Je ne rapproche pas les talents, mais les énergies). Le travail au reste, quand j'ai vécu dans son intimité, c'est-à-dire pendant ses quinze dernières années environ, avait cessé d'être chez lui une vertu, un mérite, et devenait une fatalité de sa nature. Je le vois encore debout, devant son petit bureau, dans une chambre sans feu en plein hiver, corrigeant les épreuves d'une nouvelle édition de son lexique, ou composant un nouveau livre, car il en avait toujours un sur le métier... »

Quelqu'un a dit que M. Courtaud-Diverneresse aurait pu, aurait dû naître Grec, mais qu'il eût été un Grec de Lacédémone et non d'Athènes. Il avait, paraît-il, la rude franchise, même l'âpreté d'humeur et de langage d'un Spartiate plutôt que la grâce d'un Athénien. Plusieurs même ont exagéré, méconnu ou dénaturé ce côté de son caractère ; ils ont pris au sérieux et tourné au noir, au tragique, ses sorties et ses véhémences, ses grandes colères de naïf Diogène attardé, ses rancunes et ses amertumes : au fond, ceux qui l'ont bien connu me font voir dans le républicain patriote dont la montre, comme on me l'a écrit, s'était arrêtée au 18 brumaire, dans le savant passionné et comme acharné à l'étude, et qui ne voulut point mourir sans avoir annoté Homère, un enfant par l'ignorance du mal et par une invincible innocence. Ce violent dont la naïveté, dont la candeur octogénaire était, comme son désintéressement, entière et absolue, n'avait ni méchanceté ni fiel. Il n'avait que la solidité raide, la vigueur dénuée de toute souplesse des hommes dont les principes ne fléchissent jamais. Ce qu'il croyait être la vérité, il l'a toujours soutenu avec une rigueur intrépide, insoucieux de ses intérêts et se souvenant de Juvénal qu'il avait aimé à traduire.

Il ne fuyait jamais la lutte ; peut-être même la recherchait-il ; à coup sûr il ne lâchait pied devant aucun adversaire. Aussi sa vie universitaire ne coula-t-elle pas aussi unie que l'eût sans doute souhaité son cœur, aussi calme que l'eût mérité son amour désintéressé des choses de l'antiquité, des choses grecques. Républicain ardent et convaincu sous la monarchie constitutionnelle de 1830, il eut et le souci et l'honneur d'incidents, d'arrêts de carrière, de suspensions, de disgrâces même qu'amenèrent, à différentes reprises, des opinions politiques, déployées avec plus de vivacité et plus de loyalisme que de prudence. Ah ! messieurs, ne blâmons pas ces saillies, ces témérités d'une sincérité si désintéressée, d'une humeur même un peu chagrine ; et dans ces polémiques, dans ces mésaventures où le jetèrent d'ardentes convictions et une foi opiniâtre, et où il combattit seulement, comme disait un de ses plaidoyers, *pro jure et dignitate*, suivons-le, comme faisaient alors ses collègues, de toute notre estime et de tout notre respect.

Il eut du moins, avant de mourir, la joie de voir revenir dans sa patrie, s'y établir, y prospérer, après quelles luttes, mais après quelle victoire, les institutions libres et bienfaisantes qui lui étaient chères, qui avaient été la croyance et le tourment de toute sa vie, l'âme même de son existence.

Victime, en 1849, des premiers essais de cet ordre moral qui devait expirer dans les suprêmes et factieux efforts du 24 mai et du 16 mai, il en a vu, pendant ses derniers jours, la défaite irrémédiable et comme l'irréparable honte.

Le savant, l'helléniste a pu avoir, sur son déclin, quelque trouble, quelque scrupule, quelque mélancolique arrière-pensée. La tradition est chère aux hommes d'étude; elle est puissante surtout dans les corps enseignants : l'enseignement est fait de traditions. Il se fût rassuré sans doute à ces affirmations, à ces déclarations solennelles : « Quand l'esprit français, a dit notre Ministre, prit son essor, il y a trois cents ans, quand le libre examen se leva sur le monde, l'antiquité classique fut son premier flambeau. La découverte des lettres grecques et latines mena à pas de géant l'affranchissement des intelligences. De là, en dépit des changements sociaux et des révolutions, ce respect religieux et persistant des langues anciennes, ce culte minutieux de leurs formes traditionnelles que la société moderne s'est empressée d'emprunter à l'ancien régime et dont l'Université de France fut si longtemps le défenseur jaloux et l'austère gardien.

» L'Université réformatrice de 1880 n'a répudié ni cette noble histoire, ni ces grands services. Elle n'est pas moins filiale. »

M. Courtaud-Diverneresse aimait à répéter ce mot : le grec fait les bonnes études. Nul plus que lui n'aurait eu le droit d'ajouter ceci : « Si le grec fait les bonnes études, les bonnes études font, à leur tour, les bons, éclairés et libres citoyens. »

Ah ! n'ayez peur, messieurs, cette double tâche de faire des hommes cultivés et de bons citoyens, l'Université n'y faillira jamais. Sur ce point encore, l'Université est sûre d'elle ; elle peut se rendre ce témoignage que ces enfants que vous lui confiez, elle les façonne tout entiers ; elle est assurément heureuse, elle est fière quand elle les a faits plus savants, mais combien aime-t-elle mieux encore à les rendre plus moraux et meilleurs ! Je les fais citoyens, dit-elle, je les fais hommes; je veux que rien de la patrie, rien de l'humanité ne leur soit étranger ; je les fais francs, loyaux, braves et bons ; je les remplis, je les pénètre, je les imprègne de cette éducation morale et civique qui a fait Rome si fière, Athènes immortelle, qui doit retremper la vieille épée gauloise, qui doit refaire le sang et la moelle de la France ; je les mène à la source pure et pleine des plus mâles et grands sentiments qui puissent remuer le cœur de l'homme, inspirer et ennoblir l'âme du patriote. Enfin je les fais tels — et ce dernier mot peut-être eût agréé à l'âme de M. Courtaud Diverneresse — qu'ils soient les dignes enfants, les dignes citoyens d'une république athénienne.

Le discours de M. Boissière a été couvert d'applaudissements enthousiastes.

M. Boissière a remis, au cours de la cérémonie, les palmes d'officier d'académie à M. Hélitas, sous-préfet d'Aubusson, qui a remercié en ces termes :

Monsieur le Recteur,

Je suis profondément touché de la distinction dont vous m'honorez et à laquelle je ne m'attendais pas ; je vous en suis bien reconnaissant et puis vous donner l'assurance que mon plus grand désir est d'être utile à l'instruction publique.

Messieurs,

Je ne me hasarderai pas à vous faire un discours après celui si complet, si éloquent de M. le Recteur, après la chaleureuse allocution de M. le Maire.

Je veux seulement constater que le Gouvernement de la

République a tenu à contribuer à l'érection de ce monument. C'est vous dire qu'il a reconnu en Courtaud-Diverneresse un de ces hommes qui honorent leur pays et dont il faut perpétuer la mémoire pour servir d'exemple aux générations futures.

Votre compatriote unissait à la science un ardent patriotisme et cette noblesse d'âme que l'on acquiert dans le commerce des vieux auteurs.

Je ne sais pas si, comme Cicéron, ayant tourné toutes ses pensées vers les Grecs, il avait rassemblé en lui la force de Démosthène, l'abondance de Platon et la douceur de Socrate ; ce que nous savons tous, c'est qu'il consacra sa vie toute de labeur à faire revivre ces grands modèles.

Ce que nous savons aussi, c'est qu'après la chute de la République par la trahison du second des Bonaparte, Courtaud-Diverneresse aima mieux briser sa carrière que de prêter le serment de fidélité au violateur de la loi. La République ne pouvait l'oublier. Elle a fourni le bronze d'où l'artiste de talent a fait sortir cette tête si expressive.

Et vos arrière-neveux qui contempleront cette œuvre d'art se souviendront qu'elle reproduit les traits d'un enfant de Felletin qui fut à la fois un nos plus savants hellénistes. un de nos plus fervents républicains.

C'est au milieu des marques de sympathies unanimes que M. le Sous-Préfet a reçu les insignes d'officier d'académie.

Les paroles de remerciement de M. Hélitas ont provoqué dans l'auditoire tout entier une triple salve d'applaudissements.

Le soir un grand dîner réunissait chez M. le Maire de Felletin les autorités départementales et universitaires qui avaient assisté à l'inauguration du buste de Courtaud-Diverneresse. Avant de se séparer de ses hôtes, M. Lassaigne a pris une seconde fois la parole pour remercier le Gouvernement et son représentant, M. le recteur d'Académie Boissière, du concours qu'ils avaient prêté à la fête. Alors M. Boissière, dans une chaleureuse improvisation, a fait l'éloge de M. Émile Egger, président du Comité, et de M. Albert Dumont, directeur de l'enseignement supérieur, dont la puissante intervention a permis de mener à terme l'œuvre si heureusement accomplie.

LISTE

DES SOUSCRIPTEURS

AU

BUSTE DE J.-J. COURTAUD-DIVERNERESSE

MEMBRES DU COMITÉ :

MM.

EGGER, *président*, membre de l'Institut	250 francs.
MILLER, membre de l'Institut	
VACHEROT, membre de l'Institut	
ALBERT DUMONT, directeur de l'enseignement supérieur . .	
GIDEL, proviseur du Lycée Louis-le-Grand.	
PAULMIER, sénateur.	
VACHER, député.	
LASSAIGNE, maire de la ville de Felletin.	
FEUILLET (L.), professeur à Paris	
RUELLE, bibliothécaire à la Bibliothèque Sainte-Geneviève.	
GARNIER FRÈRES, libraires-éditeurs, à Paris	

	fr.	c.
Souscriptions du Comité. .	250	»
Hittorff, à Versailles . . .	50	»
Lacour, professeur à Paris.	10	»
Mlle Setzlet, à Paris. . .	10	»
Lecomte, banquier à Paris.	10	»
Barthélemy St-Hilaire, membre de l'Institut .	20	»
Péris, professeur à Montpellier..	15	»
Mme Péris, Charles, à Montpellier	10	»
Un Anonyme de Cahors. . .	1	»
Delabrousse Jacques, Paris.	10	»
Louvel, sous-préfet à Béthune.	5	»
M. l'abbé Drive, à Aubusson.	20	»
Mme Ve Leboucher, à Saumur.	5	»

	fr.	c.
ZOGRAPHOS (XÉNOPHON), médecin à Paris.	20	»
JOURDAIN, membre de l'Institut.	10	»
CHATEL, archiviste à Caen.	5	»
ZAFIROPULO-ZARIFI, négociant à Marseille. . . .	50	»
Mme SOMAKIS, rentière à Paris	15	»
GELLION D'ANGLARD, préfet de l'Ain.	25	»
D. ZON, consul de France à Chypre.	20	»
M. l'abbé BOEUF, aumônier au lycée Henri IV. . .	10	»
Mlle MARIGNY, rentière à Paris	5	»
KRINOS, pharmacien à Athènes.	25	»
Mme LAWRENCE, propriétaire à Paris.	10	»
ABBOTT, pour le Syllogue de Salonique.	20	»
RENIÉRI, gouverneur de la Banque nationale à Athènes.	20	»
LAMBROS père, à Athènes. .	20	»
NICOLAÏDÈS, à Athènes. . . .	20	»
BAUR (G.-A.), vice-président du Syllogue pour la Propagation des Lettres à Athènes.	40	»
SYLLOGUE MACÉDONIEN des Amis de l'Instruction, à Serres.	100	»
DELYANNIS (N.), chargé d'affaires de Grèce à Paris, pour le gouvernement royal	300	»
Marquis de QUEUX DE St-HILAIRE, à Paris.	10	»
UNIVERSITÉ D'ATHÈNES. . . .	100	»
CALLIGAS, professeur à l'Université d'Athènes.	10	»
KIÉTACOS, id.	10	»
ORPHANIDÈS, id.	10	»
BALANOS, professeur à l'Université d'Athènes.	10	»
COUMANOUDIS, Étienne, id.	5	»
BÉNIZÉLOS, Étienne, id.	10	»
PAPARRIGOPOULOS, id.	10	»
MAUNOIR, secrétaire de la Société de géographie à Paris.	5	»
BIKÉLAS, à Paris	10	»
VLASTOS, Étienne, à Marseille.	10	»
Général PARMENTIER, à Paris.	20	»
PRAROND, à Abbeville. . . .	5	»
NISARD, Charles, membre de l'Institut, à Paris . . .	5	»
DE MALLORTIE, principal du collège d'Arras.	10	»
D'EICHTHAL (G.), membre de la Société asiatique, à Paris.	40	»
M. LE DIRECTEUR du collège Stanislas, à Paris. . . .	40	»
ZOGRAPHOS, Christakis, banquier, à Paris	200	»
MILIARAKIS, sténographe à Athènes.	15	»
CARATHÉODORY Étienne, ministre de Turquie à Bruxelles.	10	»
VAPHIADIS (A.), docteur médecin à Constantinople.	20	»
VAMVAKI (N.), banquier à Constantinople	5	»
PASPATIS (A.), à Constantinople.	10	»
COSSOUDIS (Th.), négociant à Constantinople. . . .	5	»
PASPALLI (A.), à Constantinople.	5	»
SCOULLIDIS (N.), à Constantinople	5	»
CARABOKYRO (M.), à Constantinople.	5	»
HADJI-CHRISTO (Ch.), à Constantinople.	5	»
TAMBACOPOULO (D.), à Constantinople.	5	»

	fr.	c.
MATHIUDAKIS (A.), docteur en droit à Constantinople	2	»
APOSTOLIDÈS (G.), à Constantinople	5	»
VOULALAS (Ch.), à Constantinople	5	»
MAVROGORDATO (Th.-A.), trésorier de la Société commerciale ottomane, à Constantinople	23	»
TAMVACO (D.-N.), à Constantinople	20	»
SOUVATZOGLOU (B.), négociant à Constantinople	8	»
Mme DONNAUD, Emile, propriétaire à Paris	25	»
BRAUD, professeur à Nantes	10	»

VILLE DE FELLETIN

	fr.	c.
M. LASSAIGNE, Hippolyte, conseiller général de la ville	20	»
DURAND, François, conseiller municipal	10	»
BRUNAUD, Hippolyte, conseiller municipal	5	»
MAILLAT, conseiller municipal	1	»
BOURNARET, conseiller municipal	5	»
FRONTY, adjoint au maire	1	»
MIGOT Léonard, adjoint au maire	2	»
ROUSSEAU, conseiller municipal	5	»
BOURDERIONNET, conseiller municipal	1	»
DELARBRE, conseiller municipal	5	»
DUFOUMES, conseiller municipal	5	»
M. l'abbé PENAUD, supérieur de l'Institution de Felletin	10	»
M. l'abbé BOUCHARDY, professeur de philosophie	5	»
M. l'abbé F. PARINET, professeur de mathématiques	5	»
M. l'abbé DAMHAUD, économe	5	»
M. l'abbé J.-B. MONTABRET, professeur de rhétorique	5	»
M. l'abbé Em. PARINET, professeur de quatrième, et ses élèves	6	»
M. l'abbé J.-B.-Alph. ROUGIER, professeur de seconde et d'allemand	5	»
M. l'abbé J. GAILLARD, professeur	5	»
M. l'abbé A. BEZON, professeur	2	»
M. l'abbé A. TOURAILLE, professeur	1	»
UN ÉLÈVE de Fenain	1	»
Mme BARNICAUD	10	»
Mlle BARNICAUD	10	»
M. BAYARD, Joseph, pharmacien	5	»
DIVERS	10	»

	fr.	c.
M. l'abbé PATAUX, curé de Saint-Quentin	5	»
Antoine DENHAUT, aubergiste	1	»
LACHANT, François, marchand de modes	»	50
FOUREAU	1	»
BREGÈRE, Pierre, cordonnier	1	»
P. FARGEIX, aîné, marchand de vin	1	05
GALLANDON fils, sabotier	»	50
DIVERNERESSE, Antoine, horloger	1	»
BOUCHARD (J.-B.), tailleur	»	50
BAYARD, René, pharmacien	10	»
DIVERNERESSE, Léonce, professeur de dessin	1	»
CHOUZIOUX, Jacob, serrurier	»	30
FROMENT, Blaise, tapissier	1	»
LOJOIX, Eugène, boulanger	1	»
JOULOT, François, boulanger	»	50
LEVACHER (A.), chapelier	»	50
FOUREAU (J.), épicier	1	50
COMBAUDON, notaire	3	»
TEYLON, notaire	2	»
BARDALLE, boucher	1	»
Ve RIAUBLENT, sans profession	»	50
Ve MAGNIER, Marguerite, marchande de vin	»	50
LOZÈS, Auguste, maître d'hôtel	1	»
QUENTIN (A.), maître d'hôtel	3	»
BREGÈRE (P.), libraire	2	»
BUSSIÈRES, préposé du pesage	»	50
DUPRAT, Joseph, boulanger	»	50
PETIT, Léopold, boulanger	»	50
Mme veuve CONY, marchande de vin	1	»

	fr.	c.
PASCAUD, négociant en vins	1	»
LASSAIGNE, Pierre, docteur en médecine	5	»
ROUFFET, receveur des contrib. indir.	1	»
MICHELLET (E.)	1	»
GIPOULON, docteur en médecine	5	»
REDON, Gilbert, ébéniste-menuisier	»	50
ROUDIER, Antoine, restaurateur	»	50
DAUPHIN (L.), receveur de l'enregistrement	2	»
VALLÈTE, Joseph, sans profession	10	»
BARDOL (P.), menuisier	»	50
MARIEN-PAQUET, sabotier	»	50
DRIVE, (J.-B.) propriétaire	5	»
MOUNET, Pierre, marchand de vin	1	»
PACIFIQUE, Blaise, auberg.	1	»
JANICAUD, Alphonse, épicier	7	»
LASSAIGNE, Emile, tanneur	2	»
ROMANET, Basile, négociant en rouennerie	2	»
DESCHAMPS fils, limonadier	2	»
GENINET-HALPEYRE, horloger	1	»
MURAT, Pierre, marchand de rouennerie	»	50
LABESSE-BAYARD, marchand de modes	1	»
LECONTE, Pierre, liquoriste	1	»
QUÉRY-LACROT, marchand de porcelaines	»	50
CROPET, Noël, mercier	»	50
SARCIRON, Henry, dessinateur	»	50

BIBLIOTHÈQUE NATIONALE IMPRIMÉS RF

Paris. — Imprimerie de l'Étoile. Boudin directeur, rue Cassette, 1.

www.ingramcontent.com/pod-product-compliance
Ingram Content Group UK Ltd.
Pitfield, Milton Keynes, MK11 3LW, UK
UKHW021039200726
13857UKWH00005B/1813

9 782013 072304